habitar

andré fernandes **habitar**

Hedra, 2010

© André Fernandes, 2010

Projeto gráfico, ilustração e capa SARA GOLDCHMIT
Revisão LEANDRO RODRIGUES
Impressão GRÁFICA VIDA E CONSCIÊNCIA

Agradeço a Angélica Pizzutto Pozzani, Dirceu Villa, Fabiano Calixto, Fabio e Henrique Zanoni, Fernanda Sampaio, Iuri Pereira, Jorge Sallum, Leandro e Paulo Rodrigues, Marcos Freitas, Sara Goldchmit, Rogério Ramos, Teresa Cristófani Barreto, Wladimir Cazé e Wilson Bezerra

Dados Internacionais de Catalogação na Publicação (CIP)
(Câmara Brasileira do Livro, SP, Brasil)

Fernandes, André
Habitar / André Fernandes
São Paulo: Editora Hedra, 2010
64 pp. (Poesia)

ISBN 978-85-7715-206-3

1. Poesia brasileira I. Título

04-1942   CDD-869.1

Índice para catálogo sistemático:
1. Poesia brasileira : Título 869.1

2010

EDITORA HEDRA
Rua Fradique Coutinho, 1139 – subsolo
05416-011 São Paulo SP
Tel [55 11] 3097 8304
www.hedra.com.br

Foi feito o depósito legal.

Para Paulo,
meu pai

Recolher as palavras
Apagar os sinais
Destruir a cidade
Despovoar o silêncio

Sorrir debaixo das águas
Esperar dentro da pedra

Aníbal Machado

Sumário

11   ANDRÉ DAYS WE GOTTA GO, por Fabiano Calixto

17   e

19   **conversa – uma praça sem sade**
decálogo de um escritor 20 martelo 21 ofício 22 o peixe 24
em outros termos 25

27   **conversa – margem**
áfrica 28 pergunte às aves 29 espaço e tempo 30 amor 30
subsolo 31

33   **conversa – os óculos**
a pedra 34 mendigo 35 deriva 36 2008 40 escala e técnica 41

43   **conversa – para diante**
feira 44 em corpo cidade 45 talvez ou quase 46
perguntas inócuas 47 el axolotl 48 um prego 49

51   **conversa – feliz aniversário**
segunda dentição 52 ruína 53 iluminado 54 cosme 55
mãos firmes 56 vozes 59 ela não fala a minha língua 60
palavra e coisa 61

André says we gotta go

No permitir que se nos desperdicie la gracia de los pequeños momentos de libertad que podemos gozar: una mesa compartida con gente que queremos, unas criaturas a las que demos amparo, una caminata entre los árboles, la gratitud de un abrazo. Un acto de arrojo como saltar de una casa en llamas. Éstos no son hechos racionales, pero no es importante que lo sean, nos salvaremos por los afectos. El mundo nada puede contra un hombre que canta en la miseria.

Ernesto Sábato

Danny says we gotta go
Gotta go to Idaho

The Ramones

O que querem com poemas os autores deste início de século? A resposta me parece tanto óbvia quanto melancólica: muitos querem aparecer[1]. Os outros? Querem aparecer mais ainda. Em meio a esse lodaçal, alguns raríssimos fazem de seus poemas um instrumento de reflexão sobre a existência & a própria arte – uma ferramenta de construção do mundo. André Fernandes faz parte deste último grupo – de poetas que ainda se preocupam em escrever algo que ilumine a cabeça & o coração.

Aqui, em *Habitar*, habita a ironia da memória. Aqui, mais que nas palavras, a linguagem habita os pequenos edifícios de sentido que compõem o grande painel do pensamento: os cortes ensanguentados, a leitura, o corre-corre da vida, a dor de cabeça, a frustração; & também os afetos. Opera, portanto, na dialética imprescindível deste nosso tempo sombrio. O jovem poeta mexicano Heriberto Yépez, em seu manifesto "Por uma poética antes do paleolítico e depois da propaganda", escreve que "a origem da linguagem está nas palavras, mas também na carne do cervo e nos cogumelos alucinógenos". Parece-me que os poemas deste livro habitam essa consciência, acrescentando-se

---

[1] Aqui, no pior dos sentidos, i.é, ser alvo dos holofotes, estar na moda, ser o "poeta" da vez. Resumindo: colocar o carro na frente dos bois, quer dizer, não conseguem crer de jeito nenhum que antes de publicar um livro de poemas, é necessário escrever poemas.

que a origem da linguagem está também nos buracos das ruas & dos dentes, na dor própria & na alheia.

O habitar em *Habitar* é de passagem, de esguelha, de soslaio. Como um sorriso esquecido na penteadeira já sem uso & que, nômade, nos acompanha a memória. Os poemas aqui são *fala*. A que falta onde se habita. A fala, a circunstância sangrada-sagrada da palavra poética.

Habitar é povoar. A cidade aqui não é mais a cidade de Charles, o das Flores, nem a cidade dos expressionistas, futuristas, dadaístas. Agora é que é ela: a cidade do começo do século XXI: a cidade comida por ratos, povoada por tapurus, malcheirosa, torta, corrupta & escandalosamente desprezada: "bagdá sp idaho": devastada: anchorage tóquio lagos. A cidade é o *habitar* aquele pavilhão do câncer de Gottfried Benn:

"Nesta fila aqui estão ventres apodrecidos
e nesta está o peito apodrecido.
Lado a lado camas malcheirosas."

A cidade & o corpo.

"Vem, olha esta cicatriz no peito.
Sentes o rosário de pontos moles?
Toca, sem medo. A carne é mole e não dói."

O concreto é duro & não dói: a cidade é o corpo... & dói.

"[...] Vês as moscas. Às vezes
a enfermeira lava. Como se lavam bancos."

Não à toa, o poeta aqui escreve:

"pernas e estômagos guardam uma multidão."

& a multidão se amontoa na cidade. No corpo. Estão todos sós. Todos mudos. Todos absurdos, todos bancos, todos plastificados & uniformes. Melancolia com cheiro de esgoto &, na lapela, o poeta conclui:

"apesar do esforço,
há tempos as letras
perderam o poema."

Claro! Um poeta não se faz com versos, & Torquato Neto há muito tempo sabia disso.

Se em *Deriva* (2007), a "cidade começa na rua", agora: "atravessar a rua / começo do mar" & sob as ondas de calor & poluição, sob os olhares mastigados & desconfiados & as multas da morte, o poeta se afoga nas ondas encurvadas & não contente (porque a vida não é pra amadores) bebe o mar, e o deita juntamente.

Sufocar o prazer & cortejar a desgraça é a síntese do brutal utilitarismo contemporâneo – o homem deformado pelo capital. O ter substituiu o ser: morte lenta. A obrigação de sustentar parasitas (a máquina do Estado) com impostos leva, além do suor, os prazeres da existência:

> "Ler ainda é dificílimo
> quando não é trabalho."

O trabalho é o que dessignifica o homem & danifica a vida. Mesmo assim, no meio do monturo, despejando infindáveis murros em ponta de faca, o poeta procura a cura (ou acirra a briga) ao meditar, no tempo futuro, sobre a criação de "tratados de amor". Humor? Ou não...
Penso numa palavra: solidariedade. Penso noutra: afeto. Habitar também é permanecer. Por isso é crucial a diferença do homem que canta *a* miséria & do homem que canta *na* miséria. Aqui mora uma riqueza, & nada pode contra ela.

Nomear – "cores são apenas nomes" – toda nossa desolação & isso são apenas abstrações – & a felicidade. *We got nowhere to go*... Habitar não é habituar(-se). Quem se habitua perde todo o resto.

Caro leitor, convido-o a acender um fósforo & caminhar. &, acima de tudo, não se preocupe, você não vai precisar limpar exageros coloridos destes versos. Abra o livro, "na ordem que quiser, no modo de quiser".

subsolo

a beleza pode ser
a transição da primeira
para a segunda estação
sem perguntas

Fabiano Calixto
Inverno de 2010

habitar

e

— era uma fala. todos aqui. estranho encontrar a todos sem
a mediação de uma ideia. sem outra palavra, os saúdo. não passo a
idade adulta porque não há mais. tampouco esta fala é história
de amor. ou trama policial como queria Borges, em algum ensaio
a respeito de tramas serem essencialmente policiais. é, antes,
um gesto.

— não vale para a memória. nem é outrem. parece que a experiência
deixou o corpo. pernas e estômago guardam uma multidão. um
coração castanho. é isto o que lhes apresento. mesmo que lhes
atravesse o sentido.

— do homem mais velho e ilustre desta comunidade, não digo, todos
o conhecem. mas um amigo não é grande general. homens, não se
percam em exórdio. amizade é gesto. poesia adia a vida. poeta coloca
as pedras lado a lado. dante salvou sua alma, e se colocou o sexto após
homero. ninguém duvida depois do xix. (perdi uma moeda, alguém
a encontrou? tinha estima por ela. trinta e quatro anos. um presente.)

— não sabemos por que um senhor muito pequeno, bigodes e
chapéu, muito bem afamado, assassinou o melhor amigo. não foi
por defesa da honra. por ódio simplesmente. havia dito ao juiz, "por
ódio". o juiz aceitou e disse: "quem não sentiu isso, não é homem; ele
apenas concretizou". ainda reclamando a idoneidade de seu cliente,
o advogado disse ser aquele homem de muita importância para a
sociedade. e todos indistintamente o reconheceram em seu ato.

— muitos poderiam ser os motivos. ainda que o juiz não imputasse
sentença a tal homem. muitas outras poderiam ser as alegações. não
sabemos o quão imbricadas são as relações; nestas se percebe que
não há lei, nem memória, sequer alguma experiência. um corpo
só sensações.

— a amizade se cria numa biblioteca.

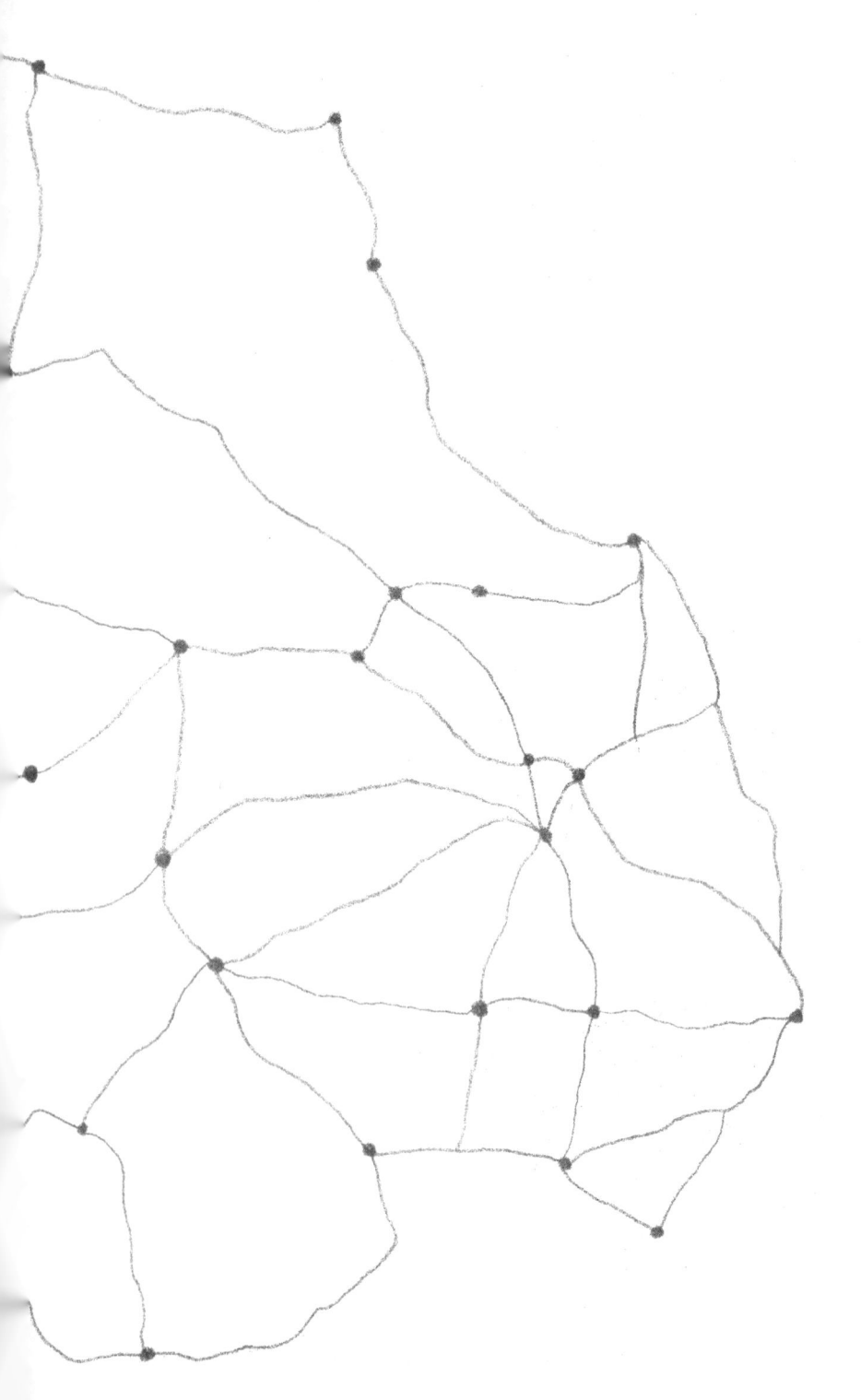

conversa – uma praça sem sade

não disparem/ há espaço para todos/ apesar da ordem/ rapaz/ canibais não são mais onívoros/ especialistas/ auxílio à lista da história/ um pacto/ universitários eternos/ meninos zanzam à beira da mesa/ todos os textos têm lugar/ uma flor nos custaria muito/ meu corpo a vagar/ pijamas/ tv doméstica/ o sol amarelo de inverno/ escreverei tratados de amor/ enfrentar as brenhas do dia / coloco o melhor casaco e um sorriso/ sem óculos não enxergo ao meio-dia/ bagdá sp idaho/ cidades culturas jovens a zoar/ os padres badalam os sinos/ os meninos fazem a fila/ muita monotonia & discursos vazios/ nem todo mundo gosta de sexo hoje em dia

decálogo de um escritor

um. pode-se escrever o que quiser, na ordem e do modo que quiser
dois. querer não basta, é preciso transformar o querer em texto
três. o sentido é o acúmulo, não a história
quatro. texto de história é mau texto
cinco. o texto deve atingir os sentidos, não a cabeça
seis. o fracasso ocorre todo dia, algum dia a mão é feliz
sete. apenas alguns são autores – a maioria morre ou desiste
oito. escrever é ir ao outro
nove. a palavra impressa é o som que deve atrair o silêncio
dez. não é preciso regra, escrever apenas porque é necessário

martelo

a palavra é meu martelo
martelo, martelo, martelo
martelo o diabo na sua cara

acorda!
não há outro dia
existem personagens aqui
amizade, silêncio, morte

está vendo o que já passou?
sou um estrangeiro
acorda!

esse martelo dá coragem
não é assim?

vai ficar olhando
a outra margem?

vou pôr um prego
aqui nessa cidade

ofício

a.

o marceneiro é lento
ao cortar a madeira
com o serrote

ele aplica uma força
comedida para que
a madeira não se parta

o tronco muda-se em objetos
cadeira, cabide, caixa

b.

o poeta leva anos
para eleger a palavra
e saber o corte da frase

algumas vezes
usa de boa combinação
para provocar os sentidos

mas, apesar do esforço,
há tempos as letras
perderam o poema

o peixe

o pintor apresenta
um trabalho novo
o peixe verde

no aquário
seu corpo mole
e viscoso é vermelho

o peixe tem a cor
que melhor convier
a quem o vê

cores são apenas nomes

em outros termos

com a palavra
o doutor

levou o discurso
meu silêncio

disse
a palavra
é assim

verso
é métrica
rima
estribilho

tem método
metro

verso
é técnica

o doutor
deixou fora
a vida

conversa – margem

a companhia exclusiva de si pode ser boa. o isolamento, no entanto – voluntário ou não –, torna o outro um estranho absoluto. a vida passa a se dar por situações. o perigo é a palavra. cada situação um desenho de gestos, respirações, olhares – sem original, cópia, semelhança ou reconhecimento. ser estrangeiro inclui cautela e falas sobre o clima. a companhia estranha faz de mim um estrangeiro em mim. a palavra é o perigo. andar pode ser uma solução. quando tudo ocorrer, virão outras abstrações, a felicidade.

áfrica

atravessar
a rua ou o rio

atravessar
o olhar ou o riso

atravessar
ao chegar

sem fotografar
o ar ou o vazio

atravessar a rua
começo do mar

pergunte às aves

minha vida eu vivo em círculos
ando pela cidade e observo nas praças
o voo das aves
       completarei o último
quando o céu estiver limpo

giro, giro, giro
até cair
       e ver a cidade dos edifícios
não sei ainda o que sou: um ornitorrinco, um animal híbrido
uma voz fraca

espaço e tempo

silêncio é o que acontece à revelia

amor

perguntei a ela o que fazer
ela disse nada –

devolver o tempo para a eternidade

subsolo

a beleza pode ser
a transição da primeira
para a segunda cotação
sem perguntas

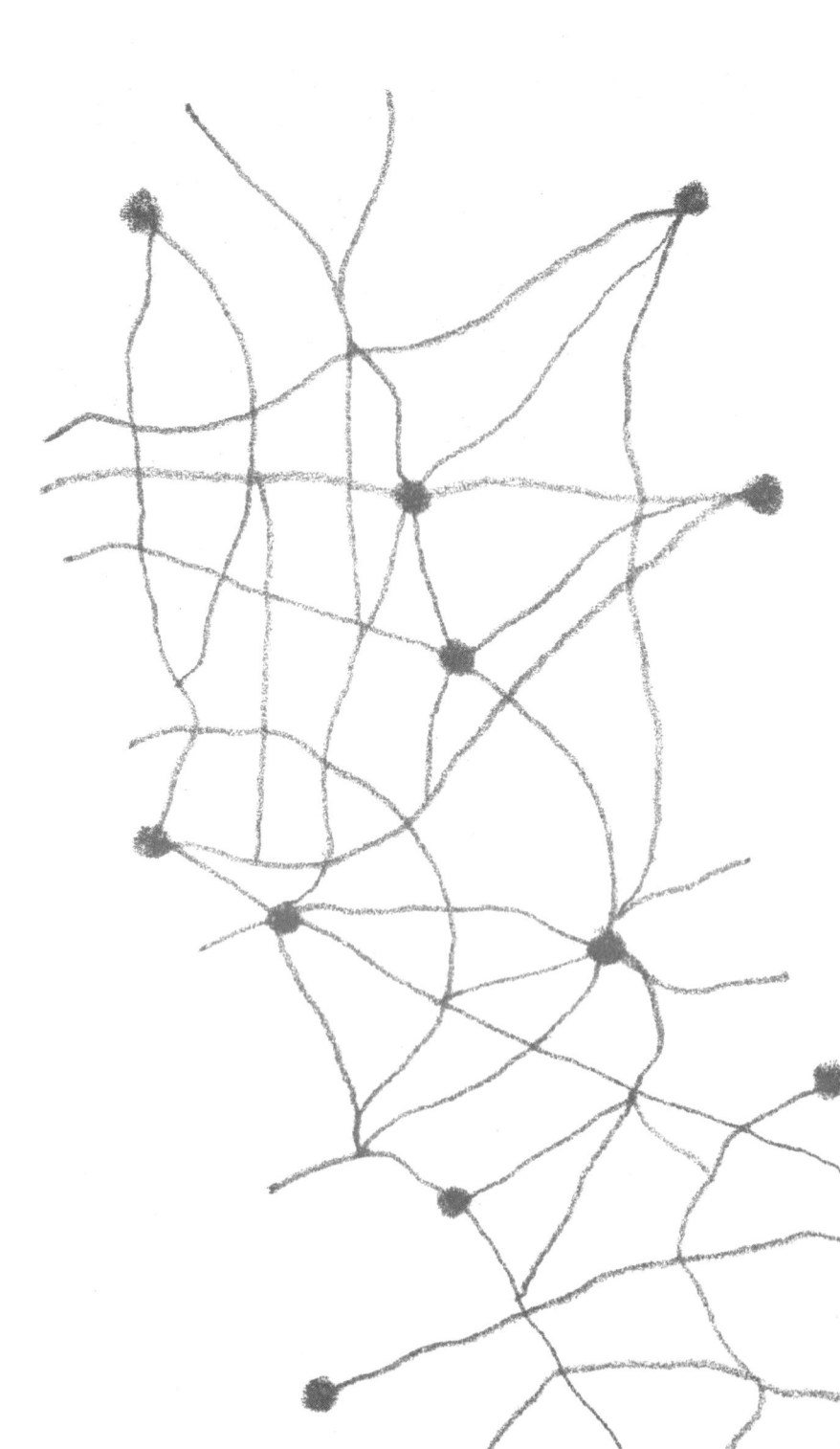

conversa – os óculos

depois de três idas ao oculista em dois meses, receita de óculos para vistas cansadas. lentes de grau baixo para astigmatismo e hipermetropia. desde que comecei a usá-los, há menos de uma semana, as distâncias se modificaram, a profundidade. também os outros sentidos foram afetados, tiro os óculos para ouvir melhor. depois de 150 mil anos, vou precisar me adaptar a uma nova visão frontal como os primeiros hominídeos.

a pedra

o pedestre para diante da bicicleta.
              diante da motocicleta.
              diante do carro.
              diante do ônibus.
              diante do caminhão.
              diante de si.

o pedestre sobre roda
se deleita ao ver reinventada

a cidade como é
              trânsito caótico
              multidão ansiosa
              ar de péssima qualidade

até que lhe quitam o meio
e torna a ser
pedestre em são paulo

mendigo

homem de estatura mediana
magro, de dieta moderada
dentes por tratar e filharada
mulher a queima roupa

passa o tempo em traslado
leva a família em sacos pretos

os sacos não são disfarces
cada um finge (não ver)
por motivo diferente

deriva

a.

passo o passo

a perna alcança
o outro lado

na rua
prédios, lojas,
casa sem janela

pessoas passam

o sol ilumina
ângulos retos
de um dia claro

passo o passo

espirro, muxoxo,
desvios
antes de chegar
ao trabalho

assim o livro na mão
cobre a natureza da cidade

à esquerda vem o carro

ando lendo
passo o passo

b.

no carro
ao lado
o motorista
solitário
lê a mensagem
no celular –
provavelmente
trabalho

a cidade
mapas, documentos, cartas
andam velozes na garupa
de uma cg 125
sem rosto, sem contrato

o encontro
entre os dois
é misterioso
e opaco

grafito
da gravata vindo
o boy indo

c.

à frente
a mulher lendo

o banco duro
a saia escarrapachada
o colo cobrado
amiga ao lado

dois corpos
enlatados
massas cinzentas
no vagão do metrô

o aviso da estação brigadeiro
interrompe a leitura

"paulo coelho
me ajudou
ano passado"

d.

a moça olha a tela
do computador

digita rapidamente
e ri

rs

não percebe
passa horas

levanta
às 18h

sem perfume
de flor

para aproveitar
a sexta-feira

2008

adolf merckle, um dos homens mais ricos,
não ouviu quando os augúrios diziam que o lehman brothers quebraria
nem de sua família que tudo ia bem em alguma ilha
        disseram não haver motivo
para divulgar a causa mortis. não está provada a relação
entre crises financeiras e suicídio. dois dias depois de se jogar em frente ao trem
o empréstimo de 500 milhões foi liberado e permitiu reestruturar suas empresas
        russos, indianos, brasileiros, chineses,
que andam a dirigir a locomotiva olhem para a frente
lembrem-se de merckle, que em tempos viveu bem como todos vocês

escala e técnica

no elevado costa e silva / concentram-se velozes: / filas de
automóveis / motos e bicicletas passam ao largo / e a meio
caminho / sou do tamanho do meu passo / olhando janelas de
onde me olham / e não há desejo / enquanto bate um vento cinza /
e a chuva se anuncia / dois olhos marejam /
a emoção de um acidente

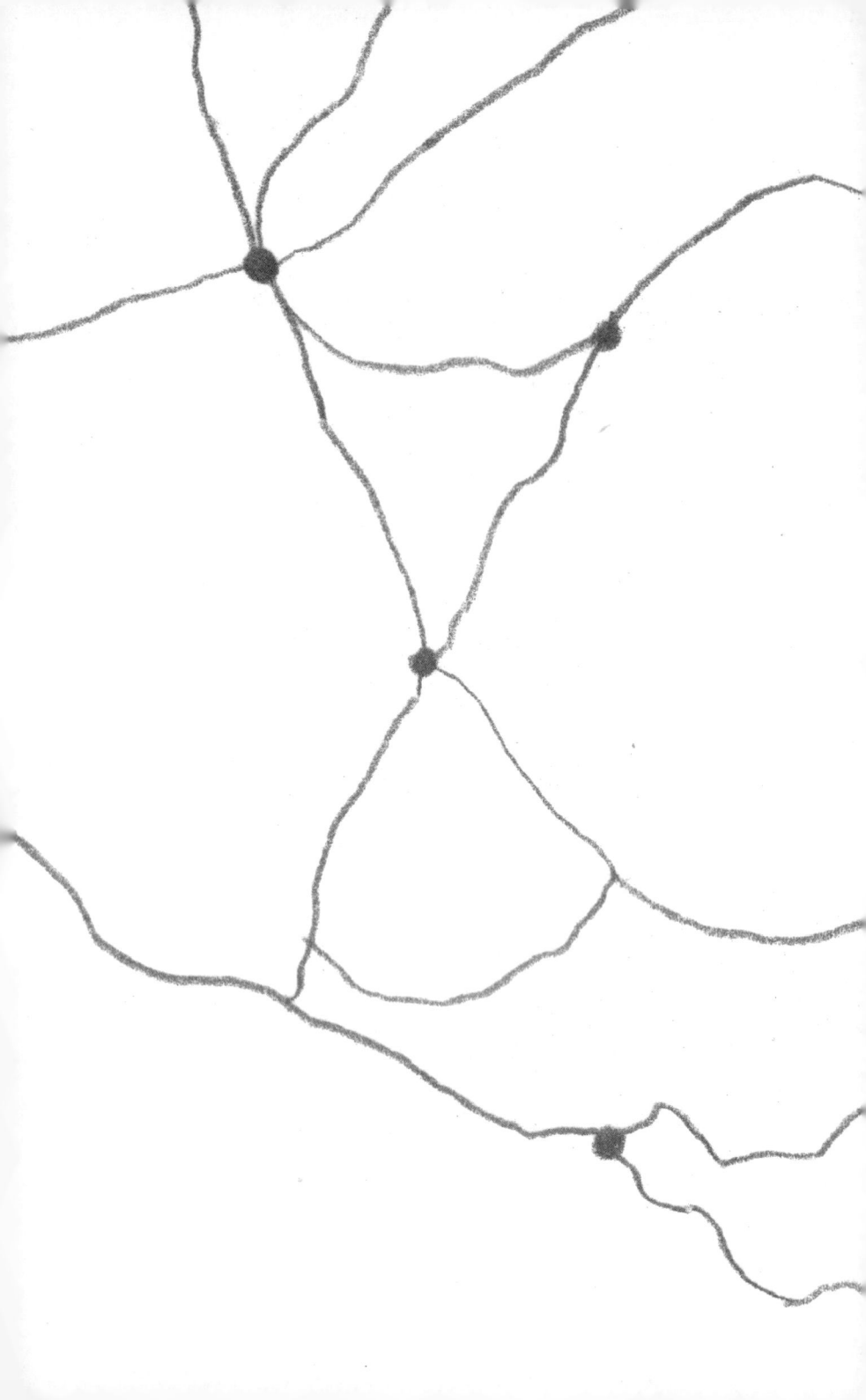

conversa – para diante

o sono organiza a vida. dá ritmo. desfaz mal-estar. quem não dorme, não sonha. sonhar é química. sem isso comer e olhar perdem escala. depois de comer e escovar os dentes. olhar no espelho. deitar. o corpo se alonga. a coluna descomprime. na manhã seguinte parece não haver absurdo. as horas não andam para atrás "apesar de". mesmo sem dormir. mesmo tendo comido mal por meses. espero sentado nessa cadeira o sono. o sono não vem. o sono brinca de aparecer, depois some. as palavras. elas não são as coisas. quando as dizemos, elas são as coisas. é isso que permite alguma liberdade. dar ao que é aquilo que não é. fica o corpo. o que o anima é a palavra. é o ar. por isso dormir e sonhar. sem isso o ar se rarefaz. deito de lado, o quadril já está roxo, os olhos fundos. no espelho não há nada. sem roupa, sou eu mesmo. expiro. tento esvaziar os pulmões e o sono não vem. às vezes, sonho para fora do corpo, como o ar. a palavra se liga ao que não é palavra e não é meu. e está lá fora. quem sabe o sono.

feira

de manhã
as barracas são verdes
o céu azul, o sol a pino
é meio-dia

os meninos
se preparam para
voltar à periferia

o pregão continua
sorriso prata
banana ouro

no vaivém das pessoas
peixe, legume, verdura
um gesto

– bom dia, freguesa

em corpo cidade

há muito estava quebrado
mas ainda há o passo
o espaço rente do meu corpo
entre o sexo e a cidade

a rua sobe com esforço
o pé, o músculo, o osso
o caralho cansado não sobe
não é concreto armado
tem de ter tesão
a rua é o cosmos

chove, chove, chovia
um corpo úmido ao lado
rente à minha barba
o colchão coberto por plástico
a maresia

era o tempo em que
eu era só velocidade

talvez ou quase

pode ser
q ela ligue

pode ser
q não

(pode ser
é um talvez
atenuado

– ao telefone
   tudo pode
   talvez
acontecer)

pode ser
q ela me leve
para o outro lado

pode ser
é um jogo
arriscado

pode ser
um cinema
ou parque

pode ser
um talvez
a longo prazo

pode ser
um pouco mais

q a deriva
de habitar
por um instante

perguntas inócuas

a mulher olhou para o marido e disse:

— meu bem, lembra-se de quando ainda tínhamos um peixe.
— sim, amor, claro que me lembro.

os dias passaram. um dia o marido trouxe um peixe embrulhado no jornal. recordaram-se então novamente do peixe. não conseguiam, porém, lembrar do nome.

outra temporada. e o marido trouxe um novo peixe. dessa vez vivo. num aquário redondo. o peixe, amarelo e comprido, conforme o senhor que me vendeu, é uma fêmea.

a mulher olhou de novo o marido. sorriu meio de lado. não disse. engoliu a saliva com um ar reticente.

o marido perguntou com entusiasmo:

— amor, como a chamaremos, pois, sim, o senhor me garantiu que é uma fêmea.
— não sei.

no dia seguinte, ao chegar do trabalho, o marido olhou no móvel da sala, não havia aquário, nem peixe, nem mulher. a amante havia oferecido um banquete e se desculpou no bilhete pelo uso das carnes.

el axolotl

fui ao zoológico de buenos aires
ver um exemplo do bestiário de cortázar

    o retrato da dinastia kirchner
    ao contrário foi mais impressionante

    a incerteza do portenho
    é semelhante àquela por que passam

              o leão marinho
        com espaço reduzido
            a tartaruga
      sendo içada por dez homens de botas
           o urso
              tal o rinoceronte e o mico
      fugindo do calor sem abrigo

    o ser portenho
    nos bancos em frente à casa rosada
    entre pombos e flâmulas
    lê o jornal em busca de trabalho

os turistas passam
passos em frente ao aquário
el axolotl não está

um prego

o pinga pinga da torneira
de barriga pra cima
o teto qual o quadro do mundo

o pinga pinga da toneira
levanto e vou
até o banheiro

o pinga pinga da torneira
o espelho
a torção à direita

o pinga pinga da torneira
o teto, as imagens das tarefas
trocar a vedação

de bruços, de lado, de barriga

o pinga pinga da torneira
enquanto a noite
parte o dia

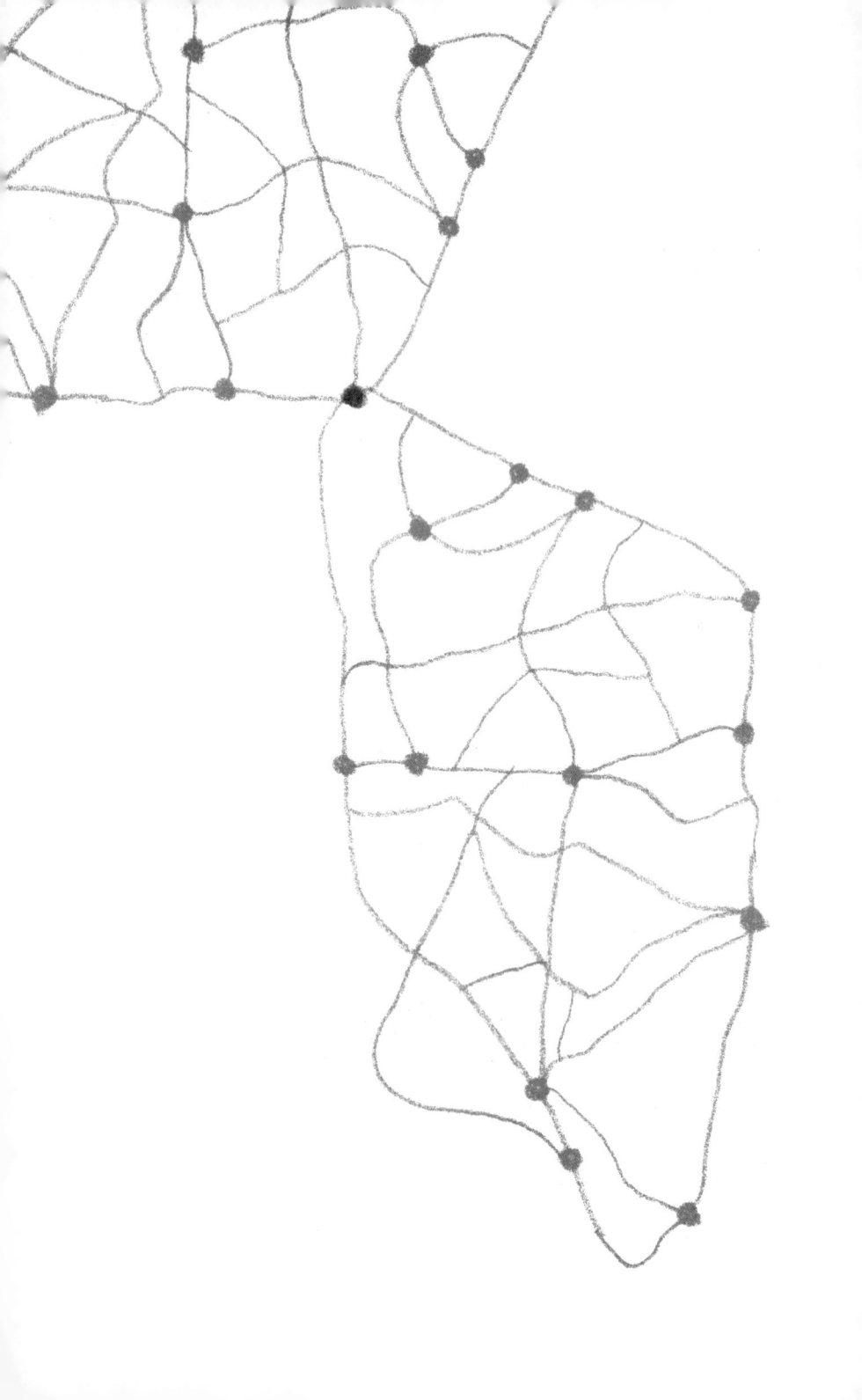

conversa – feliz aniversário

sem outra frase, aí está. o ano já não ia bem quando o inverno entrou. depois de um verão insuportável nos trópicos, restava se acostumar a temperaturas mais baixas. era invariável. acordar cedo, ler o jornal, dar uma volta. sentar no sofá à tarde, entre a vigília e o sono. aos 74 anos, às voltas com o parkinson, não há muito o que ser feito que tomar remédio nas horas cheias. assim os sintomas estão suspensos até amanhã, quando voltam mais fortes. aos poucos, o organismo acostuma ao estado de estrangeiro no próprio corpo. qualquer distância é longa. a profundidade engana. o paladar não dá mais prazer e os dias são quase os mesmos, exceto por aqueles que é preciso fazer exames ou ter audição dos resultados.

segunda dentição

quando os dentes caíram
um sorriso quase natural
ocupou o lugar

depois disso
apenas a lua foi companhia
desse semblante

até o tempo revestir
o corpo definitivamente
com o último suspiro

ruína

caiu a parede, caiu o telhado, o madeiramento caiu
sobre meu rosto e ficou uma parede onde estão
a marca da escada, os azulejos, a marca da água

os anos e a velocidade guardados no esquecimento
no escombro não há nada de humano, a natureza
tomando conta da casa: os grilos, os vermes

meu rosto se levanta do que sobrou da cama
deixa carcomido o vaso e o ladrilho hidráulico
a respiração na louça do banheiro e no armário
não sou o outro, tenho rosto e afeto

mas como chegar até aí se o tempo só progride?
não quero mais agressões nem gritos
vou deixar o crime de lado com um gesto delicado
– descansa, memória, do que é feito a casa?

iluminado

quando as palavras não servem a novos contextos
fazem etimologia do xix

quando as palavras não referem coisas
inventam novos conteúdos

quando deixam as palavras
prefiro andar de triciclo na sala

cosme

quando eu tinha 33 anos e meio
comprei um calopsita
ele piava para chamar as pessoas
a fazerem carinho no pescoço
da ponta do dedo
conheceu o apartamento
e a vista – a empena bege do prédio da frente
na semana dos 34
ele morreu de repente
me deixou com olhos glaucos
nunca fomos parentes

mãos firmes

a.

aos 74 anos
o pai não fuma
por causa do coração
se locomove com dificuldade
por causa do Parkinson
e não ouve bem
porque é teimoso mesmo

a cada semana perde alguns gramas
hoje, 27 de março de 2010
disse da última vez que pesou
estava com menos de 50 kg
não gosta de precisar
e apesar de se alimentar bem
o organismo não absorve os nutrientes

ele disse a doença faz o corpo tremer
está lhe faltando a visão, aos poucos,
não sabe mais a profundidade
os sentidos indo embora

b.

na minha cabeça é domingo
a gente de bicicleta até a USP
o pai e a irmã numa caloi cross
de pneus amarelos
aro 20
    eu na monark vermelha
dobrável, um pouco menor

(aquele sol claro de verão
terra debaixo das unhas
vontade de ir ao banheiro)

assim, voltamos para casa
no fim do dia –

edifício Alves Mota
rua dos Pinheiros

c

aos sábados pela manhã
eu e o pai íamos ao messias
na joão mendes, depois ao farah

comprava um ou dois livros
"mais você não vai ler...", ele dizia –
não lia nenhum, gostava de tê-los

dessa presença criou um amor
pelo livro e seus arredores
menos pela letra, mais pelo silêncio

eram muitas estantes
e não alcançava o topo
eram dois livros e o silêncio

ler ainda é dificílimo
quando não é trabalho

vozes

para antonio lobo antunes

avó dava 3 cruzeiros ao neto
tirava da boceta de contas coloridas,
enquanto os olhos do menino rebrilhavam

católica, muito católica, lutou quase um ano
contra um câncer para ser matéria –
na véspera carnaval ano bissexto
viu-se nas palmas o sangue

também a mãe envelhece
enquanto passa os dedos
sobre a dobra da toalha no almoço

este ano caiu três vezes,
na última, luxou o joelho
– sorte grande não tê-lo quebrado –
sempre pergunta
loucamente
já comeu
(única preocupação)

a filha alimenta a bisneta
com outro leite
e esta morrerá sem nenhum gesto
da primeira, eis o arco
de uma família de mulheres

ele não fala a minha língua

três gerações e um francês de meia idade
retorna a portugal
                 à procura de origem

na viagem
           sem computador ou câmara digital
passa por paisagens convertidas em falas
       agora musgos, sombras de árvores, áreas abertas
            escombros

comboio e aboio
em língua estrangeira
           afastadas mil anos na noite
aderente à língua filial

não é o mesmo rosto que partiu

sem surpresa e com algum tédio
dá a mão à mulher que seria sua parente
e pede ao intérprete que traduza

ao que a portuguesa repete
– ele não fala minha língua
como pode ser meu parente?

palavra e coisa

o sol é o signo na página

o sol, não a palavra,
a própria coisa, ilumina
a mesa, o papel, a palavra

o sol é o martelo poderoso e
solitário no meio da hora
para atravessar

o sol ilumina a palavra

escrevo

dois bois pastam
à beira do rio
um inseto pasta
à minha pele
eu pasto
esse silêncio

furos no meio da hora

o sol é o signo na página

ando de triciclo na sala

Sobre o Autor

André Fernandes nasceu em São Paulo durante o rigoroso inverno de 1976. Cursa letras na Universidade de São Paulo. Publicou *Miniaturas* (edição do autor), *Deriva* (Hedra, 2008). Teve poemas publicados na revista *Entrelivros* (2006), em sites da internet e no *Almanaque Lobisomem* (2010). Atualmente trabalha como editor.

FONTE FF Scala
PAPEL off-set 90 m/g² e cartão supremo 250 m/g²
IMPRESSÃO Vida & Consciência
TIRAGEM 1.500 exemplares